Word Search Puzzles

NHL Hockey

Oliver Young

Copyright © 2017 Oliver Young

All rights reserved.

This is not an official NHL Product.

This book has not been approved by the NHL and it is not associated with them in any way.

This is a work of fiction. Names, characters, businesses, places, events and incidents are either the products of the author's imagination or used in a fictitious manner. Any resemblance to actual persons, living or dead, or actual events is purely coincidental.

ISBN-10: 1546651454

ISBN-13: 978-1546651451

Contents

Introduction 7
General 9
   Hockey Equipment 9
   Pacific Division 11
   Central Division 13
   Atlantic Division 15
   Metropolitan Division 17
   Arenas 19

Western Conference 21
   Pacific Division 21
      Anaheim Ducks 21
      Arizona Coyotes 23
      Calgary Flames 25
      Edmonton Oilers 27
      Los Angeles Kings 29
      San Jose Sharks 31
      Vancouver Canucks 33

   Central Division 35
      Chicago Blackhawks 35
      Colorado Avalanche 37
      Dallas Stars 39
      Minnesota Wild 41
      Nashville Predators 43
      St. Louis Blues 45
      Winnipeg Jets 47

Eastern Conference 49
Atlantic Division 49
   Boston Bruins 49
   Buffalo Sabres 51
   Detroit Red Wings 53
   Florida Panthers 55
   Montréal Canadiens 57
   Ottawa Senators 59
   Tampa Bay Lightning 61
   Toronto Maple Leafs 63

Metropolitan Division 65
   Carolina Hurricanes 65
   Columbus Blue Jackets 67
   New Jersey Devils 69
   New York Islanders 71
   New York Rangers 73
   Philadelphia Flyers 75
   Pittsburgh Penguins 77
   Washington Capitals 79

Solutions 81
Thank You 89

– Introduction –

Everybody enjoys a good word search!

Word searches are perfect for relaxation, passing the time and challenging your brain, so whether you're sat at home with one eye on the television or stood waiting for the bus you're sure to enjoy these puzzles!

These words are displayed in a list on the pages to the left and are hidden within the grids in straight, unbroken lines. They can be forwards, backwards, up, down and diagonal. These words can overlap each other and share the same letters.

Once you have found a word, circle it in the grid with a pen or pencil and put a line through it on the list!

If you get stuck, the answers are in the back of the book!

GLOVES ✓	MOUTHGUARD ✓
HELMET ✓	PADS ✓
ICESKATES ✓	PUCK ✓
JERSEY ✓	SHINGUARDS ✓
JOCKSTRAP ✓	STICK ✓

– General –
Hockey Equipment

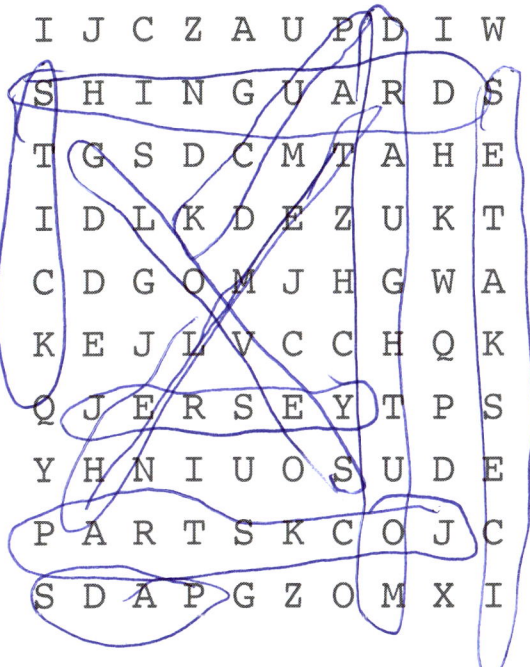

~~ANAHEIM~~	~~FLAMES~~
~~ARIZONA~~	~~KINGS~~
~~CALGARY~~ ✓	~~LOSANGELES~~ ✓
~~CANUCKS~~	~~OILERS~~
~~COYOTES~~	~~SANJOSE~~
~~DUCKS~~	~~SHARKS~~
EDMONTON	~~VANCOUVER~~

Pacific Division

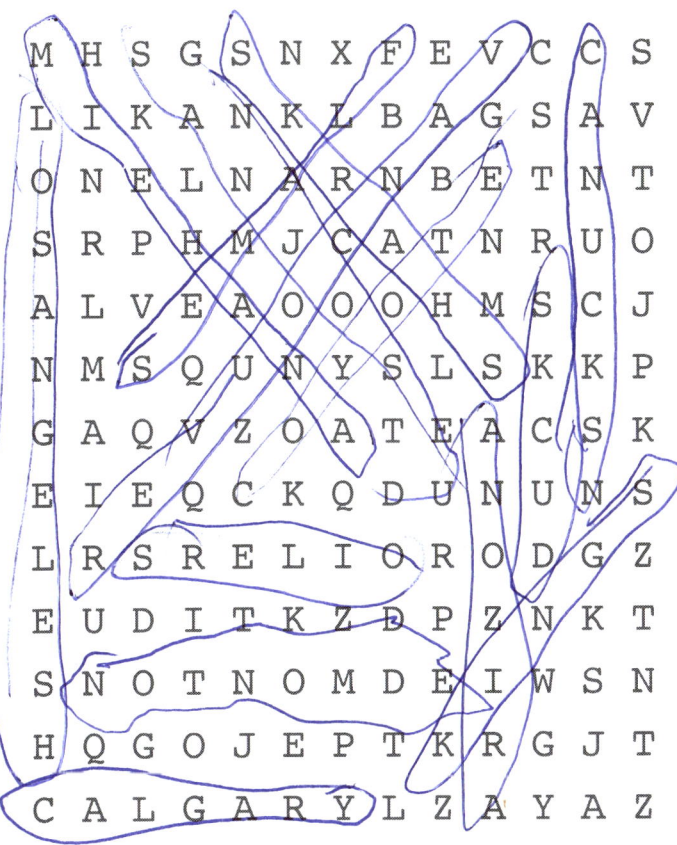

~~AVALANCHE~~
~~BLACKHAWKS~~
BLUES
~~CHICAGO~~
~~COLORADO~~
~~DALLAS~~
~~JETS~~

~~MINNESOTA~~
~~NASHVILLE~~
~~PREDATORS~~
STARS
STLOUIS
~~WILD~~
~~WINNIPEG~~

Central Division

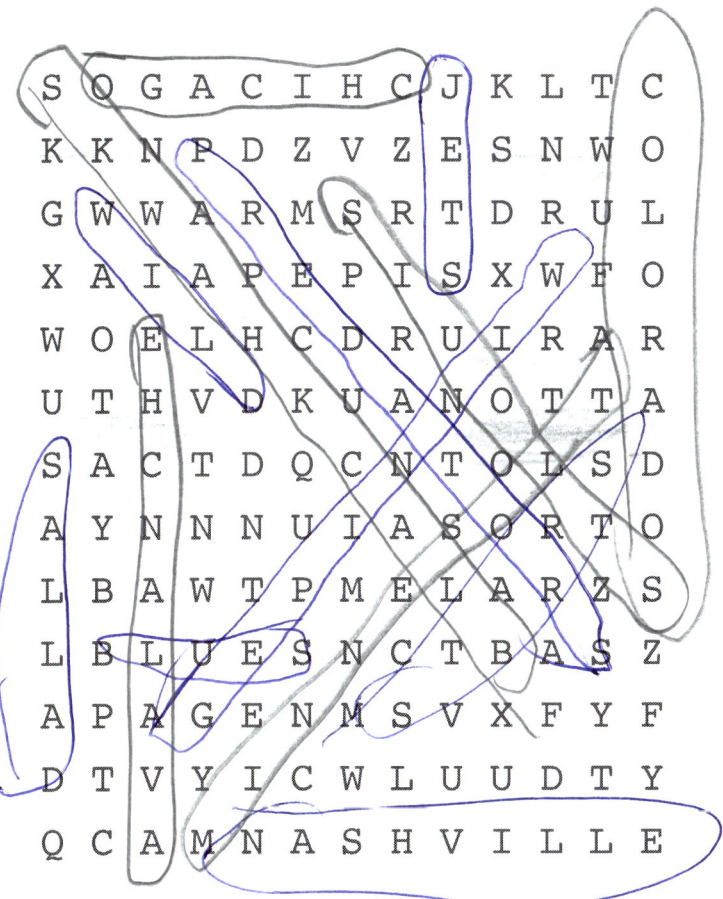

~~BOSTON~~
~~BRUINS~~
~~BUFFALO~~
~~CANADIENS~~
~~DETROIT~~
~~FLORIDA~~
~~LIGHTNING~~
~~MAPLELEAFS~~

✓
~~MONTREAL~~
~~OTTAWA~~
PANTHERS
~~REDWINGS~~
~~SABRES~~
~~SENATORS~~
~~TAMPABAY~~
~~TORONTO~~

Atlantic Division

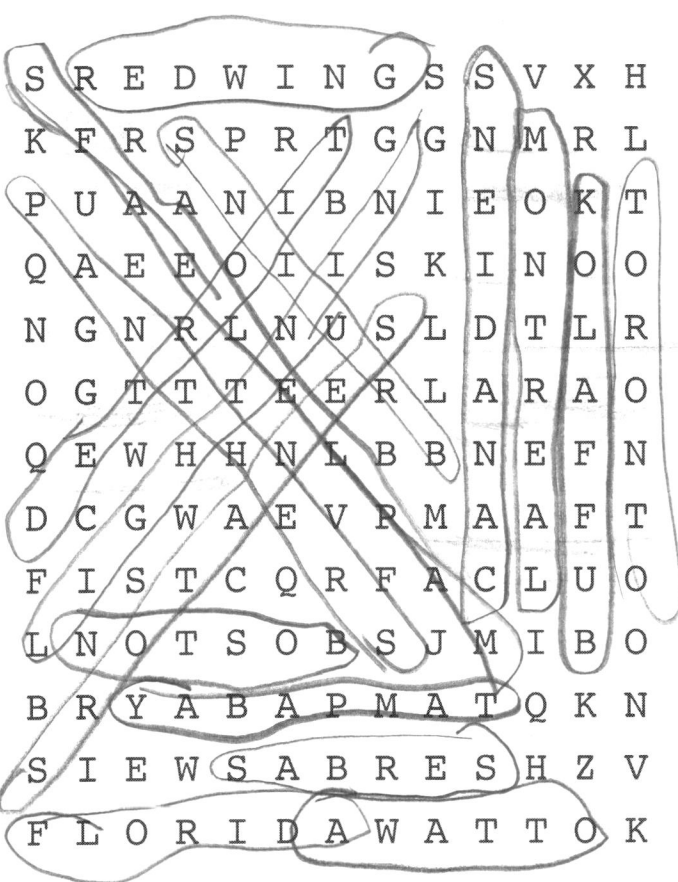

~~BLUEJACKETS~~	~~NEWJERSEY~~
~~CAPITALS~~	~~NEWYORK~~
~~CAROLINA~~	~~PENGUINS~~
~~COLUMBUS~~	~~PHILADELPHIA~~
~~DEVILS~~	~~PITTSBURGH~~
~~FLYERS~~	~~RANGERS~~
~~HURRICANES~~	~~WASHINGTON~~
~~ISLANDERS~~	

Metropolitan Division

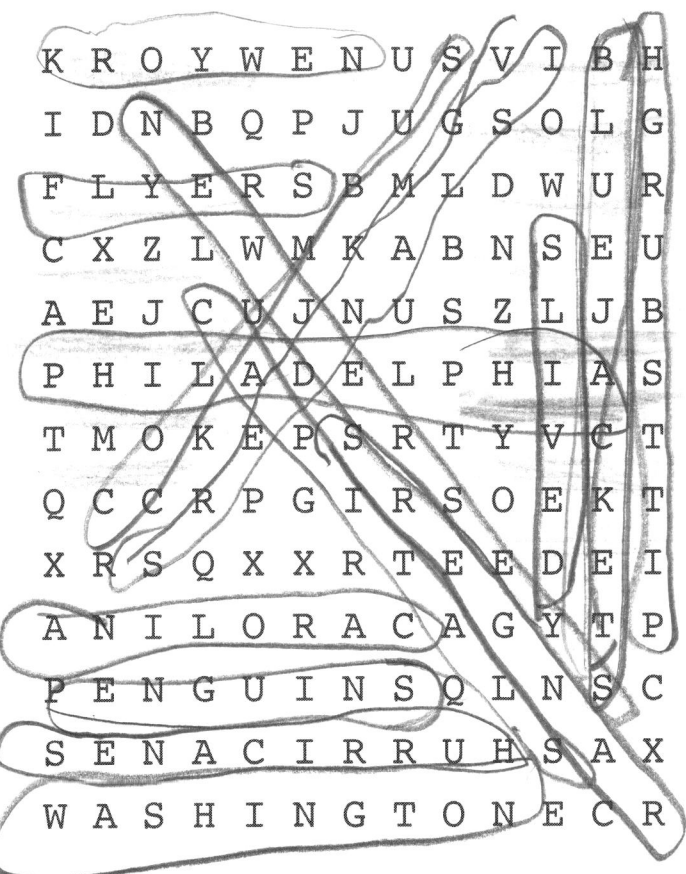

AMALIE	MADISONSQUARE
BARCLAYS	MTS
BELL	PRUDENTIAL
BRIDGESTONE	ROGERS
CANADIANTIRE	SCOTTRADE
GILARIVER	STAPLES
JOELOUIS	UNITED
KEYBANK	XCEL

Arenas

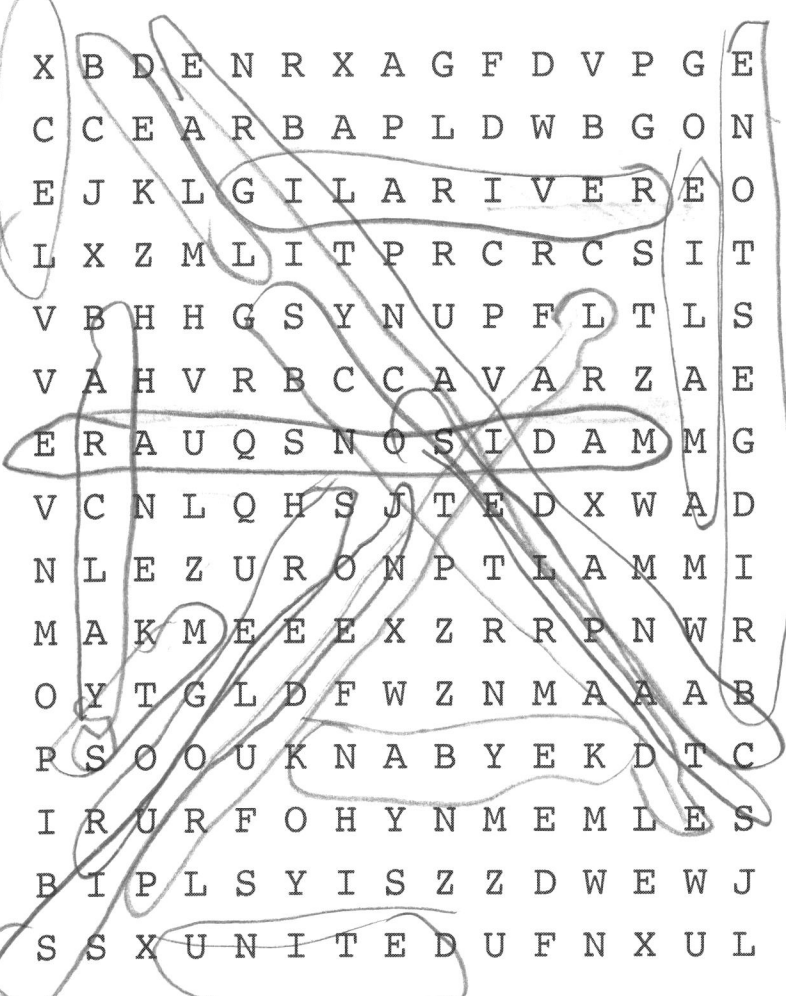

BERNIER	KESLER
BIEKSA	KOSSILA
COGLIANO	LINDHOLM
DESPRES	PERRY
EAVES	RAKELL
FOWLER	SILFVERBERG
GARBUTT	STONER
GETZLAF	THOMPSON
GIBSON	VATANEN
KERDILES	VERMETTE

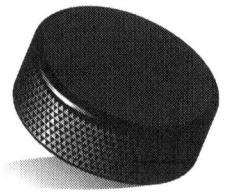

– Western Conference –

Pacific Division

Anaheim Ducks

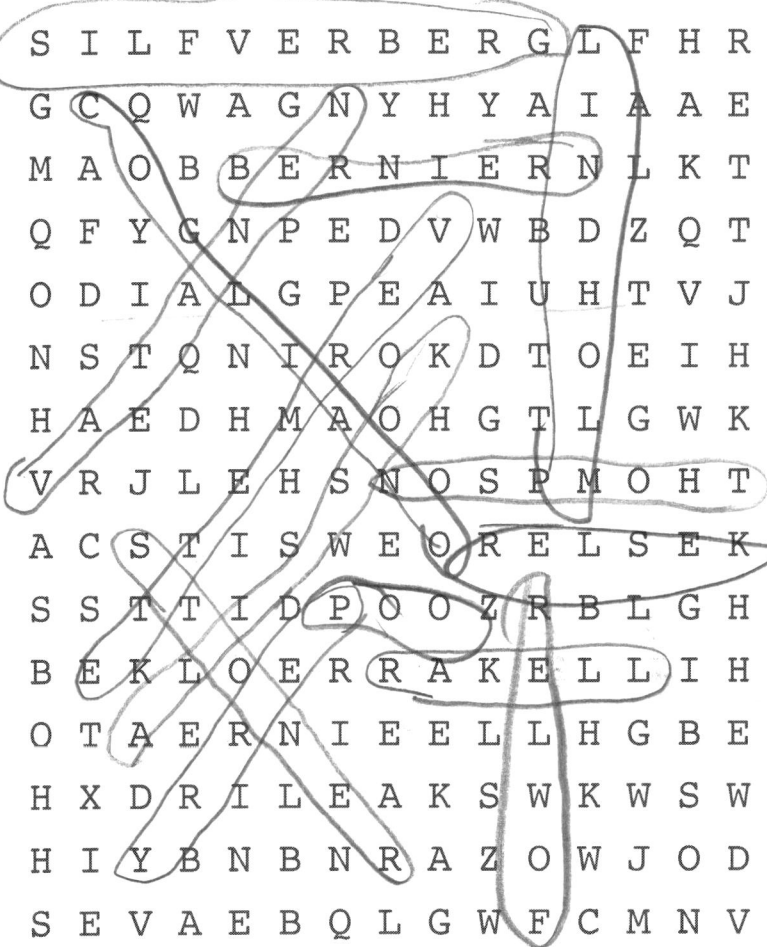

BURMISTROV
CHYCHRUN
~~CONNAUTON~~
~~CROUSE~~
~~DEANGELO~~
~~DOAN~~
~~DOMINGUE~~
EKMANLARSSON
GOLIGOSKI
~~HANZAL~~

~~HOLLAND~~
~~MCGINN~~
MICHALEK
~~MURPHY~~
~~RICHARDSON~~
~~RIEDER~~
~~SCHENN~~
~~SMITH~~
~~STONE~~
VRBATA

Arizona Coyotes

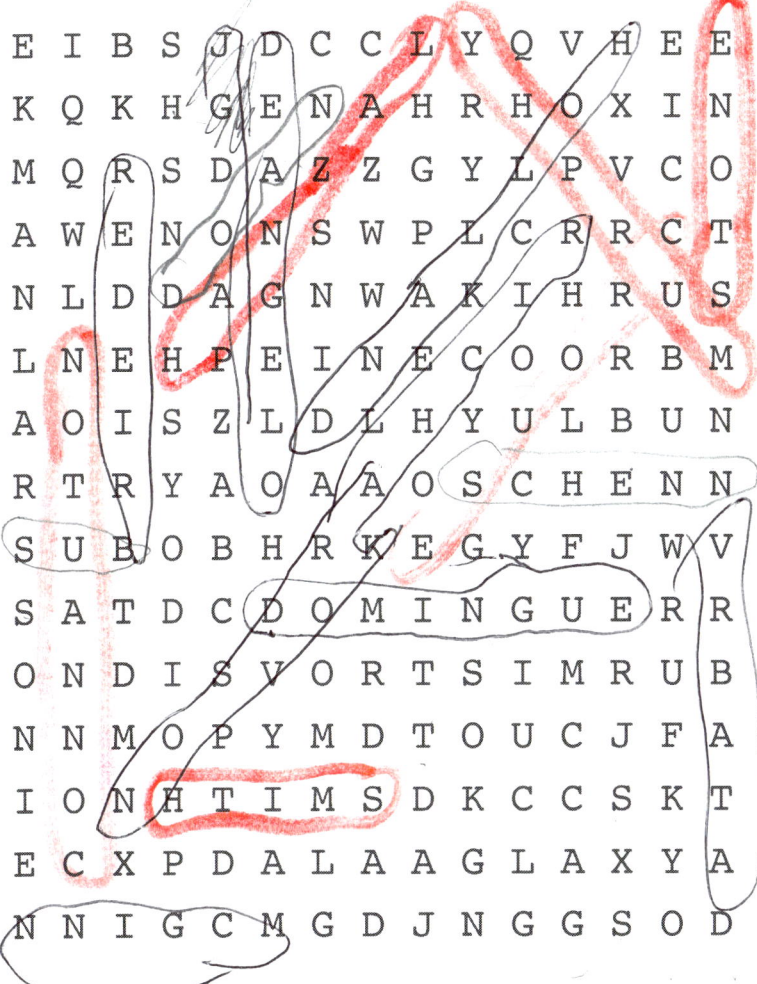

BACKLUND	~~GIORDANO~~
BENNETT	HAMILTON
BOUMA	JANKOWSKI
~~BRODIE~~	JOHNSON
BROUWER	MONAHAN
~~ELLIOTT~~	RITTICH
~~ENGELLAND~~	STAJAN
~~FROLIK~~	~~STONE~~
~~GAUDREAU~~	VERSTEEG
~~GILLIES~~	WIDEMAN

Calgary Flames

```
 1  F N F C R R V G A U R L P W X
 2  R O Y D J I K E A M B F I L Q
 3  O S G A J Y T E R R U D B N K
 4  L N N N R T R T O S E O L E O
 5  I H W D N D D I M T T B Q M
 6  K O S K U J I O A C T E E M O
 7  O J G A C E Q N I E H N E V N
 8  N N G B F Z V N L G Y J G A
 9  O B A C K L U N D E L D Z J H
10  T E U D C C E D L Y W E H D A
11  L E C W R B B L N A J A T S N
12  I N Q L P O A V G I L L I E S
13  M O V O K N I K S W O K N A J
14  A T E P D F B G R E W U O R B
15  H S V H O B Y A O Q O D O W M
```

NW N NE
W E
SW S SE

~~BENNING~~	LANDER
CAGGIULA	LARSSON
DESHARNAIS	LETESTU
DRAISAITL	LUCIC
EBERLE	MAROON
FAYNE	NUGENTHOPKINS
GRYBA	POULIOT
HENDRICKS	RUSSELL
KASSIAN	SEKERA
KLEFBOM	TALBOT

Edmonton Oilers

```
E L R E B E Y K C E W Q P W S
H E S M G K F X A R G C K N D
D E S H A R N A I S A F I G R
T N N G L G L N K G S K Y S A
J O V D R F O L G V P I E D I
M O B Y R S O I E O A K A X S
O R B L S I U F H S E J Z N A
B A I R A L C T L R S P S B I
F M A R A T N K A T X U Y B T
E L C Q L E T E S T U B R E L
L L C U G T O I L U O P F N I
K E U U L A N D E R P E A N S
O C N C W K L X L X H G Y I U
B W V J I M D N E T Q K N N M
G E B D T C L A Z A I R E G Q
```

BISHOP	KOPITAR
BRODZINSKI	LEWIS
BROWN	MARTINEZ
CARTER	MCNABB
CLIFFORD	MUZZIN
DOUGHTY	NOLAN
GABORIK	PEARSON
GREENE	PURCELL
IGINLA	QUICK
KEMPE	TOFFOLI

Los Angeles Kings

```
E R T E D N P N W U M U K A P
N D A O P T Y U I A R K G Q E
E B D T L M P I R Z A Q H Q A
E Q R E I X E T Y C Z M I F R
R U W O M P I K T B E U Y K S
G I S F W N O H H J H L M B O
S C R P E N O K G Q Y A L R N
W K I Z F N K P U O Q A C O G
D R O F F I L C O V L A A D W
S E C V R S O W D N R T F Z M
D O T O F F O L I T G V M I V
T J B T S J W G E N A L O N P
K A Y S Q R I R H M B M W S X
G L P Q G V P O H S I B R K D
M C N A B B W V G Y D H J I H
```

BOEDKER	MARLEAU
BRAUN	MARTIN
BURNS	MEIER
COUTURE	MUELLER
DILLON	PAVELSKI
DONSKOI	SCHLEMKO
HANSEN	SORENSEN
HERTL	THORNTON
JONES	VLASIC
KARLSSON	WARD

San Jose Sharks

```
J B Y H U U V H B J D M P E T
O C O N Y N B U R N S A I E H
N Z A E E A P I J C V H S A O
E A F S D J B C N E U V X U R
S C N N O K M E L H C S A N N
N A D E N L E S A M H E V B T
H O Q R E C K R U D L D J O O
M O S O A I I E H R B O F T N
T W L S J W L S A F H N W N G
R J O R L L X M A E L S M W N
V N B X E R S L R L N K V Z O
N I T R A M A T K V V O V Q L
L Q V P A C L K M R E I E M L
E G G S N U H I G A S O G Y I
I V I I N J N C O U T U R E D
```

BOEDKER	MARLEAU
BRAUN	MARTIN
BURNS	MEIER
COUTURE	MUELLER
DILLON	PAVELSKI
DONSKOI	SCHLEMKO
HANSEN	SORENSEN
HERTL	THORNTON
JONES	VLASIC
KARLSSON	WARD

Vancouver Canucks

```
J B Y H U U V H B J D M P E T
O C O N Y N B U R N S A I E H
N Z A E E A P I J C V H S A O
E A F S D J B C N E U V X U R
S C N N O K M E L H C S A N N
N A D E N L E S A M H E V B T
H O Q R E C K R U D L D J O O
M O S O A I I E H R B O F T N
T W L S J W L S A F H N W N G
R J O R L L X M A E L S M W N
V N B X E R S L R L N K V Z O
N I T R A M A T K V V O V Q L
L Q V P A C L K M R E I E M L
E G G S N U H I G A S O G Y I
I V I I N J N C O U T U R E D
```

ANISIMOV	KANE
CAMPBELL	KEITH
CRAWFORD	KRUGER
DESJARDINS	MOTTE
FORSLING	ODUYA
HARTMAN	PANARIN
HAYDEN	PANIK
HJALMARSSON	SCHMALTZ
HOSSA	SEABROOK
JURCO	TOEWS

Central Division

Chicago Blackhawks

```
C G K O I X O S N A N G Z M H
R N T J K C U I E O S D X D A
A I Z I R R R M S A J S Z Q Y
W L S U K A U S P Q B L O J U
F S J W N Z R G B B D R W H D
O R F A E A T H E B V E O A O
R O P Y M H Z L I R S O N O N
D F H L D E S J A R D I N S K
U H A R T M A N T M S I W K G
E J Y C N L E O Q I H T I E K
H T D I W S E G M C P C A G A
X R E A C W M O T T E A S A N
O X N F S O V N M H F B N Q E
Q Z S D D Y U I Q H H L Q I O
E Y L L E B P M A C W D W A K
```

BARRIE	JOHNSON
BEAUCHEMIN	JOST
COLBORNE	LANDESKOG
COMEAU	MACKINNON
COMPHER	MITCHELL
DUCHENE	PICKARD
GELINAS	RANTANEN
GRIGORENKO	SODERBERG
GRIMALDI	TYUTIN
IGINLA	VARLAMOV

Colorado Avalanche

```
C V S A D M L V H N U K X Y L
G F O O B E A U C H E M I N A
L R U M I R J Q L P A T D P N
C L I R A O A L H C W Y R L D
L O R G H L E N K Y A U A N E
R A M N O H R I T I F T K L S
B U S E C R N A O A V I C D K
Q O B T A N E E V I N N I U O
N C I L O U E N R U M E P C G
E M N N D O Y R K E Q C N H D
G R E B R E D O S O H B V E X
S A N I L E G B P J I P J N M
H J G R I M A L D I E O M E Q
I G I N L A R O R A S Z E O X
P Q L R S J F C T T O B X R C
```

BENN	NEMETH
DICKINSON	NIEMI
EAKIN	ODUYA
GURIANOV	OLEKSIAK
HAMHUIS	RITCHIE
HEMSKY	ROUSSEL
HONKA	SEGUIN
HUDLER	SHARP
KLINGBERG	SHORE
LEHTONEN	SPEZZA

Dallas Stars

```
G Z A Y Y T X N A K U H Z M N
B R X Z M Q E I V B X A B W O
H J E I Z N E U S A F M I G S
G U L B O E Z G H H Y H C O N
W H R T G O P E A J Z U P Z I
V L H T C N L S R Q K I D R K
N E B W Q P I E P Y V S O O C
L Z L V F S P L K P K U V A I
E I H C T I R S K S S N E K D
B E N N N F M W V S I R P N Y
Z R T R E E O X E E O A D O J
W Z G H H M P L M H V C K H Y
N I K A E H E I S S S U E G Y
S T V O C E C T J A N V V R N
G U R I A N O V H U D L E R B
```

BRODIN	NIEDERREITER
COYLE	PARISE
DUBNYK	POMINVILLE
DUMBA	SCANDELLA
ERIKSSON	SPURGEON
GRANLUND	STAAL
HANZAL	STEWART
HAULA	SUTER
KOIVU	WHITE
KUEMPER	ZUCKER

Minnesota Wild

```
D J N S B N S Q J F D C P G I
N N I C T R O A C U X O A B O
U M E S D E M E B H M Y R Q S
L Q D F T R W N G I H L I J K
N O E O U A Y A N R M E S J N
A H R I R K A V R L U F E O L
R R R Z B G I L X T H P S H B
G F E A L L E D N A C S S L A
W J I K L S U F I T K F S A L
L F T E C M V S N I D O R B A
N S E N B U J V R L E E S X Z
Y X R A X S Z E L V T T A Z N
K U E M P E R A L U A H I G A
K O I V U H Q S H F W C H H
Q E E V P E X R C P Y S O Q W
```

done

done

~~ABERG~~	~~KAMENEV~~
~~ARVIDSSON~~	~~MCLEOD~~
EKHOLM	~~NEAL~~
~~ELLIS~~	~~PARENTEAU~~
~~FIALA~~	~~RIBEIRO~~
~~FISHER~~	~~RINNE~~
~~FORSBERG~~	~~SAROS~~
~~JARNKROK~~	~~SMITH~~
~~JOHANSEN~~	~~SUBBAN~~
~~JOSI~~	~~WILSON~~

Nashville Predators

1 2 3 4 5 6 7 8 9 10

Y	G	R	B	W	U	S	J	V	M	F	S	R	H	N
S	I	L	L	F	A	U	H	O	W	C	I	Z	O	P
F	O	R	S	B	E	R	G	R	H	B	L	S	J	R
J	G	E	R	D	T	K	N	J	E	A	S	E	O	U
A	R	H	I	T	N	U	F	I	O	D	N	Q	O	E
R	E	S	N	A	E	G	R	M	I	S	Q	S	S	D
N	B	I	N	H	R	O	Q	V	A	Y	I	R	E	R
K	A	F	E	M	A	N	R	C	H	L	M	H	K	N
R	Q	R	Z	W	P	A	N	E	A	L	A	D	Y	S
O	K	V	E	N	E	M	A	K	N	D	T	I	M	W
K	K	F	T	S	A	T	P	O	L	X	W	I	F	Q
D	O	B	O	U	Y	B	S	R	I	K	T	Z	B	A
D	U	R	A	A	V	L	B	E	K	H	O	L	M	X
E	A	F	I	I	I	O	K	U	W	M	Y	F	G	J
S	H	G	Y	W	Z	U	Y	M	S	W	V	Y	H	C

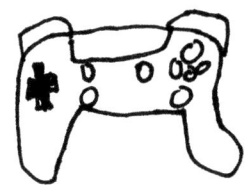

ALLEN	PARAYKO
BERGLUND	PERRON
BORTUZZO	PIETRANGELO
BOUWMEESTER	REAVES
BRODZIAK	SCHWARTZ
FABBRI	SHATTENKIRK
GUNNARSSON	SOBOTKA
HUTTON	STASTNY
JASKIN	TARASENKO
LEHTERA	YAKUPOV

St. Louis Blues

```
W O R E A V E S N I R A O C K
C E Z W O S H O H E L H L T A
T C C Z T V D J T L D N E A I
T N J V U E X S E Z Y P G R Z
O S H A T T E N K I R K N A D
S I G B S E R S D Y P Q A S O
E O V U M K C O N A Q F R E R
N W B W N H I T B K A A T N B
L F U O W N S N R U E B E K N
K O D A T A A S N P A B I O O
B I R M T K P R S O J R P H T
P T O S J P A Z S V R I X K T
Z D N U L G R E B S V R Q Y U
L E H T E R A K Q B O I E I H
S M Q J O K Y A R A P N B P B
```

45

BYFUGLIEN	MATTHIAS
CONNOR	MYERS
COPP	PAVELEC
DANO	PERREAULT
EHLERS	ROSLOVIC
ENSTROM	SCHEIFELE
HUTCHINSON	STUART
LAINE	THORBURN
LITTLE	TROUBA
LOWRY	WHEELER

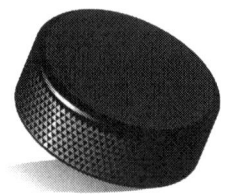

Winnipeg Jets

```
N R U B R O H T M N M V W T J
Q E O S A L G A O O R E R C S
S L Z S U M T S R K T O V F T
R E C H L T N T P V U T F I U
E E E Z H I S V Y B P I B G A
Y H S I H N T P A V E L E C R
M W A C E W H T S G R X O I T
Z S T C H M X K L R R C Q X Y
X U Z J I E Q X R E E J O R J
H Q W C V V I V U X A L W P T
R O N N O C O F B M U O H E P
L A I N E I O L E O L D E E R
S Q P U L N E O S L T A X D P
A S H N C A B F G O E N E D Y
B Y F U G L I E N S R O H M Y
```

ACCIARI	MCINTYRE
BACKES	MCQUAID
BELESKEY	MILLER
BERGERON	MOORE
CHARA	OGARA
HAYES	PASTRNAK
KHUDOBIN	RASK
KRUG	SPOONER
LILES	STAFFORD
MARCHAND	XREJCI

– Eastern Conference –

Atlantic Division

Boston Bruins

```
T G U S P O O N E R J M R F S
H O I J M R G C A I X M A D O
N I B O D U H K X A J M S B E
Z X O K E K R E L L I M K A S
B E R M R Q T S B Q B V P C K
E U R E A B E R G E R O N K S
G B J Y T R U R L S D P E E
A C A B T P C E Y I Z T K S Y
I R U C Z N S H A G S A A T A
M E A E C K I U A E S F N U H
M X E H E I Q C L N R F R H K
X O Z Y C C A I M C D O T D R
B A O J M D L R G Y J R S F C
O G A R A I M I I S C D A U V
F R U T E Y J M S H V O P C J
```

49

BOGOSIAN	KULIKOV
EICHEL	LARSSON
ENNIS	LEHNER
FASCHING	MALONE
FOLIGNO	MCCABE
FRANSON	MOULSON
GIONTA	NILSSON
GIRGENSONS	OKPOSO
GORGES	OREILLY
KANE	RISTOLAINEN

Buffalo Sabres

```
E N O S S R A L J V C A M T V
F N B O H I D O R O T A W Z U
E K A R D S J L W N L V N M N
I V M K O T K T O O B Q D O V
O K M C G O E I N Z M F S M N
R V A Q C L G E F G R L O I E
Y F S Y B A Y G I R U J L E I
Y O E C U I B R N O A S F R C
L L G S W N G E M I S N O G H
L I R I N E P N T O H O S T E
I G O P N N S I N N E C P O L
E N G S K U L I K O V O S K N
R O O O J M T R M K S W A A O
O N L E H N E R Q T A Z Q K F
S N A I S O G O B I K O H U X
```

ABDELKADER	MRAZEK
DEKEYSER	NIELSEN
ERICSSON	NYQUIST
GREEN	OUELLET
HELM	RENOUF
HOWARD	SHEAHAN
KRONWALL	SVECHNIKOV
LARKIN	TATAR
MANTHA	VANEK
MILLER	ZETTERBERG

Detroit Red Wings

```
V U N H D O S S S Z D G Y E H
M O K I Y R H N E E R G I W Z
A T K Q E E A T T E L L E U O
N Z W I A L T W N S L N Y S C
T Z Q H N E S O O K A Y B I G
H Y A H R H U E D H W Q G P J
A N Z B A F C Z N W N U X Y B
A D E K E Y S E R M O I I W N
E R U T A Q R I V U R S B O K
G M H E L M X F O S K T S R E
V O P O O K F K O G N S E R Z
R E D A K L E D B A C L H A A
L A R K I N H T K I L B D T R
V F K V A P U O R I F L M A M
U M Y V Q Z M E M L T U M T H
```

BARKOV	MACKENZIE
BERRA	MATHESON
BJUGSTAD	PETROVIC
DEMERS	PYSYK
EKBLAD	REIMER
HUBERDEAU	SCEVIOUR
JAGR	SMITH
JOKINEN	TROCHECK
KINDL	VANEK
LUONGO	YANDLE

Florida Panthers

```
K K G T S G K D H S E A Z S C
C I K E N A V U A W R U K Q L
E N Y L M S B T S T Q E F L C
H D S J Q E Q J O N S U M S G
C L Y K R O G N O U L G Q E C
O C P D N N P K O Z V Y U I D
R M E E I Z N E K C A M V J A
T A A W T U U W C N T O B O B
U S Y T P O R S D N R E R K U
N N M X H E Z L T T R G V I K
T H R I M E E K E R A W O N Z
B K R I T L S P A J C E K E V
R N E X Z H P O B S T X R N D
O R E K B L A D N I D V A K U
U F S A S C E V I O U R B Y M
```

BEAULIEU	MARKOV
BENN	MITCHELL
BYRON	MONTOYA
DAVIDSON	PACIORETTY
EMELIN	PETRY
FLYNN	PLEKANEC
GALCHENYUK	PRICE
GALLAGHER	RADULOV
KING	SHAW
LINDGREN	WEBER

Montréal Canadiens

```
E U U F U W V D W Y A I E T H
M U E W E O A B T P X N T O A
E P M B L V X T M O N T O Y A
L U E U I M E L L E H C T I M
I R D D E R A C K F K N N H H
N A S Y O I X R I I F E O A V
R O S I N G L M K R N R R P F
N Q C N J K A U B O P G Y L N
V A Y B F Z S L A T V D B E M
P L J M A F A I L E M N E K E
F U J P V F A H B A B I U A R
G A L C H E N Y U K G L I N B
I M Q Q E U M F I V U H F E E
Y R T E P S H A W W X V E C N
O O Z T S O Q V Q Q F B C R N
```

ANDERSON	METHOT
BOROWIECKI	NEIL
BRASSARD	PAGEAU
BURROWS	PHANEUF
CECI	RYAN
CHABOT	SMITH
HAMMOND	STALBERG
HOFFMAN	STONE
KARLSSON	TURRIS
MACARTHUR	WINGELS

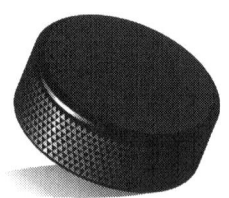

Ottawa Senators

```
H V L B N I Q H W D Y B C J Y
R U H T R A C A M B U S H G S
T U R R I S Y A O R T E A Z O
W Y H T I M S R R O Y B B G H
W S E E P R O O N L F F O D D
A D H T F W W E D U Y U T N R
C W B L I S L E G N I W O O A
N M C E J X D D N U S S H M S
A O C P S T A L B E R G O M S
K K S A H T P S G E C W F A A
I P Q S O A F A D E C W F H R
G V A H L W N N G P J X M I B
T B T I L R A E V E Q Z A C O
B E E E O I A L U B A F N E U
M N C P K W Y K V F T U E C O
```

BISHOP	KILLORN
BROWN	KOEKKOEK
CALLAHAN	KUCHEROV
COBURN	NAMESTNIKOV
CONDRA	PALAT
DROUIN	PECA
ERNE	STAMKOS
GARRISON	STRALMAN
HEDMAN	SUSTR
JOHNSON	VASILEVSKIY

Tampa Bay Lightning

```
V N Y H G Y P K A G R X L G A
B O I A X S O K M A T S R S K
I S K J Y T D H N R Q I Q O N
S N S I J K D W I R I I E V N
H H V O N R Q Y R I O K F A I
O O E A O T A O N S K L M N M
P J L U Q V S A R O N D L L F
I F I K M X H E E N E B V I R
N N S D U A D K M H F P V G K
K T A C L C S T R A L M A N N
R Q V L O E H P L N N T G U W
Z T A C N N I E C O B U R N O
M C S R H F D Y R T A L A P R
X P E U U A T R F O P E C A B
Z R D W S M U G A P V M O V J
```

✓	✓
~~ANDERSON~~	~~MARINCIN~~
~~BOYLE~~	~~MARNER~~
BOZAK	~~MARTIN~~
~~FEHR~~	~~MATTHEWS~~
~~GARDINER~~	~~MICHALEK~~
~~HUNWICK~~	~~NYLANDER~~
~~KADRI~~	POLAK
~~KAPANEN~~	~~RIELLY~~
~~KOMAROV~~	~~RIEMSDYK~~
~~MARCHENKO~~	~~ZAITSEV~~

Toronto Maple Leafs

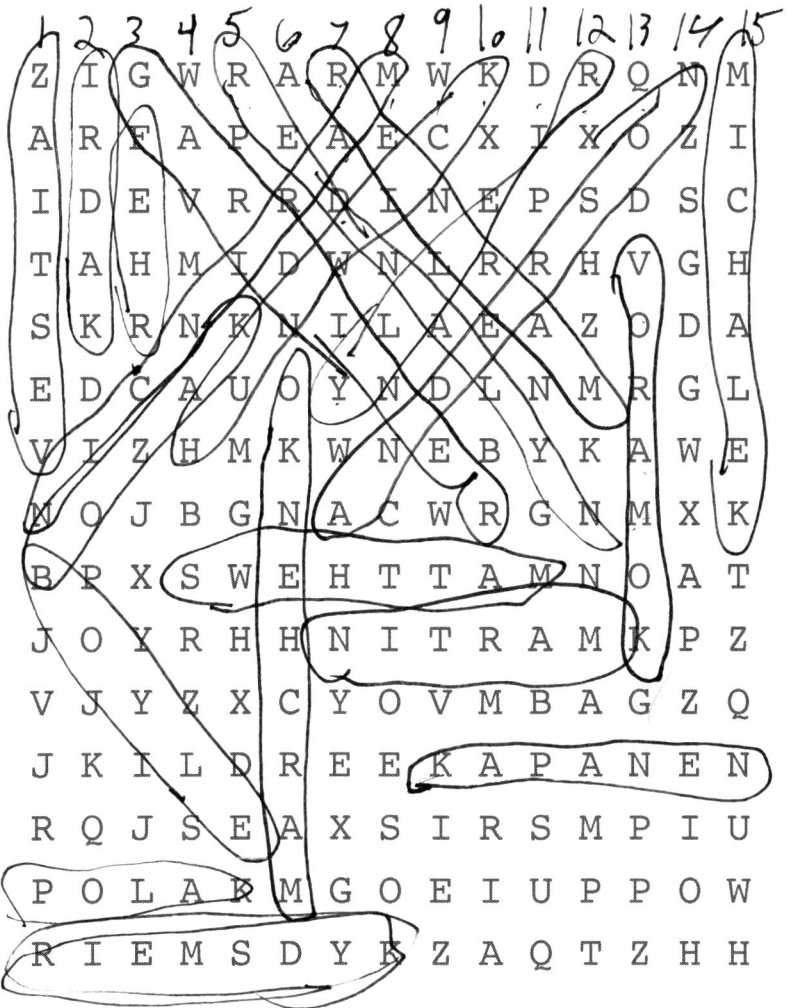

AHO	NEDELJKOVIC
BICKELL	NESTRASIL
FAULK	NORDSTROM
GIUSEPPE	PESCE
HAINSEY	RASK
HANIFIN	SKINNER
LACK	STAAL
LINDHOLM	STEMPNIAK
MCCLEMENT	TERAVAINEN
MCGINN	WARD

Metropolitan Division
Carolina Hurricanes

```
L P M L O H D N I L R E E H L
U A W C H R P E X K E K E A A
U L A N W Z I N A L N S H N C
C Z T T V Z D I S U N O F I K
E I G M S D N A O A I L N F P
J P V N C P W V S F K D E I Z
I W P O M C J A H L S O S N R
R N R E K O L R R A S K T K K
C F T D S J P E N F I W R M E
Q S I H Z U L T M I D N A C K
E E Q K H W I E O E P U S R J
B I C K E L L G D H N E I E D
N O R D S T R O M E P T L Y Y
J Y D N N I G C M I N D M G V
B I W V U A J V L L C R X I B
```

ATKINSON	KARLSSON
BOBROVSKY	KORPIKOSKI
CALVERT	KORPISALO
CARLSSON	MILANO
DUBINSKY	MURRAY
FOLIGNO	QUINCEY
HARTNELL	SAAD
JENNER	SAVARD
JOHNSON	WENNBERG
JONES	WERENSKI

Columbus Blue Jackets

```
N I O N K O V F K N J Y W P B
O N A Z J O O O O L S E E X O
S C Z Z M L R S H B G C R M B
N B M B I P S P Z Z W N E M R
I R D G I L W T I Y U I N I O
K K N S R Q L E R K N U S L V
T O A A E Q F L N E O Q K A S
A L K B V W M I E N V S I N K
O Y K S N I B U D N B L K O Y
C A R L S S O N R D T E A I W
D A A S N X J E R R S R R C Z
N O S N H O J A P A A K A G I
Q U X U N O V O I K C Y W H T
J W V E J A J E N N E R I A R
A Y S M S N Z Y F K R F R M C
```

CAMMALLERI	MOORE
FIDDLER	PALMIERI
GREENE	PROUT
HALL	QUENNEVILLE
HENRIQUE	SANTINI
JOSEFSON	SCHNEIDER
KAPLA	SMITHPELLY
LAPPIN	WOOD
LOVEJOY	ZACHA
MERRILL	ZAJAC

New Jersey Devils

```
Z Y P J K T L J L C E M D L H
F A L O O Y R L X U L O P O T
I A J L W S A G Q M P O Y V F
N H R A E H E I L L I R R E M
I C E G C P R F P E Q E B J H
T A D Z W N H T S U I V W O L
N Z I L E D G T E O T I F Y F
A B E H I Q J N I M N I O T E
S U N A Q S N P R M D G S N M
O M H Q F E R C Y D S M E F T
C R C S V O P A L M I E R I E
G H S I U D L E F M R W O O D
N R L T P H R H A G A T B U T
X L I R E L L A M M A C A T J
E P L A P P I N A L P A K I W
```

BAILEY	HAMONIC
BARZAL	HICKEY
BEAUVILLIER	KULEMIN
BOYCHUK	LADD
CHIMERA	LEDDY
CIZIKAS	LEE
CLUTTERBUCK	NELSON
GREISS	SEIDENBERG
HAAN	STROME
HALAK	TAVARES

New York Islanders

```
K O G E A N I T V K O B A G I
D C M R O R X K U J A Y R S Y
D A U S E P E L F R O E B T H
A G L B H I E M Z G B L F R A
L E R M R M S A I N Z I L O M
N F E T I E L S E H H A F M O
A G I N I Q T D T K C B J E N
P M L F H U I T K A L A H Z I
Q J L R E E U C U Y V I C N C
R Q I O S N V V Y L D A Q Y Q
L K V B O Y C H U K C D R Z L
I A U S A K I Z I C N K E E Q
T G A H I C K E Y A Q J K L S
W G E O Y C D B A D S C C P V
N Z B T H N A H W L E E L A W
```

BUCHNEVICH	MCDONAGH
FAST	MILLER
GIRARDI	NASH
GLASS	PIRRI
GRABNER	RAANTA
HAYES	SMITH
HOLDEN	STAAL
KLEIN	STEPAN
KREIDER	ZIBANEJAD
LUNDQVIST	ZUCCARELLO

New York Rangers

```
S M Z A H N V S T H F S S H V
F W C S E Q A S T K T U M C M
G W A D R O I P R A E C I I L
U N L T O V L E E C A R T V G
A O Q I Q N I L Y T Y L H E I
H S G D R D A H E M S V X N R
L Y N X E R L G Y R P V K H A
B U K R D O I Q H E A S J C R
L R A A N T A P M L K C C U D
Z I B A N E J A D L X Z C B I
F A S T H S Z N E I A C E U I
M C C W S J I O M D O T E Z
N E X W D A N M R E N B A R G
S E Y A H L V U I Y K K S L I
S A F E W G N A Z B M R P P Y
```

COUTURIER	MASON
FILPPULA	NEUVIRTH
GIROUX	RAFFL
GORDON	READ
GOSTISBEHERE	SCHENN
GUDAS	SCHULTZ
HAGG	SIMMONDS
KONECNY	VORACEK
MACDONALD	WEISE
MANNING	ZOTTO

Philadelphia Flyers

```
S I M M O N D S Z M Y P S O A
I A E K H U D W O A S I G L V
E R E H E B S I T S O G U Q O
D T G J L U Y D T B A P N Z R
N L M I B F O N O H P P Z R A
X E A I F R T C L I S O E C
U O U N J U N A I E C E M I E
O Y Z V O F I F R H N A B R K
R A Z X I D D Z U S M O N U V
I U C A J R C L Z M I N K T D
G O R D O N T A K M E C G U A
P X C D L Z R H M H A U F O E
B G S X Q V K T C N D S E C R
G N I N N A M S P A V T O H B
G E S I E W I H S J V C O N X
```

ARCHIBALD	HORNQVIST
BONINO	KESSEL
COLE	KUNITZ
CROSBY	LETANG
CULLEN	MAATTA
DALEY	MALKIN
DUMOULIN	POULIOT
FLEURY	SCHULTZ
HAGELIN	STREIT
HAINSEY	SUNDQVIST

Pittsburgh Penguins

```
H V K X K C I N E B R P N V N
I A D U R N I E H Y C O Y P I
E T I O N L W O E O E R Y S L
J U S N E I R S C H U L T Z U
V B I G S N T S Z E S A A H O
Y P A R Q E T Z L A V V T D M
D H O V E R Y F M A A T T A U
F L I P E T S I V Q D N U S D
L S A I L V V R J R Q L G P B
T L T B R X O Z M P P A N O O
E Y E K I O B I B P L C A U N
L K A S Z H N I K L A M T L I
O J H L S Q C T I C R C E I N
C C H T Z E M R L O V I L O O
N E L L U C K A A P U L W T B
```

ALZNER	ORLOV
BACKSTROM	ORPIK
BEAGLE	OSHIE
CARLSON	OVECHKIN
CONNOLLY	SCHMIDT
ELLER	SHATTENKIRK
HOLTBY	VRANA
JOHANSSON	WILLIAMS
KUZNETSOV	WILSON
NISKANEN	WINNIK

Washington Capitals

```
W V V M W I L S O N V Y R U R
O I I O C A C H B I S R Z B E
Y B N U L A Y A N K V L A O N
D T G N R R C T N H G U N F Z
L F W L I K O T M C M B A W L
D U S K S K B E H E U O R N A
V O E T B W H N Y V B M V N O
N O R B C O E K D O T Y E C R
Y O S W I L L I A M S N F O P
M B X T G U O R B L A W K N I
X D T A E S L K W K E L L N K
P J E L H N N O S S N A H O J
F B F I O F Z I R E L L E L X
P M E J O H N U N M I E R L F
T D I M H C S X K R Q X X Y G
```

– Solutions –

Equipment Page 9	Pacific Page 11	Central Page 13
Across,Down,Direction	Across,Down,Direction	Across,Down,Direction
GLOVES (2,3,SE) HELMET (2,8,NE) ICESKATES (10,10,N) JERSEY (2,7,E) JOCKSTRAP (9,9,W) MOUTHGUARD (8,10,N) PADS (4,10,W) PUCK (7,1,SW) SHINGUARDS (1,2,E) STICK (1,2,S)	ANAHEIM (7,7,NW) ARIZONA (10,13,N) CALGARY (1,13,E) CANUCKS (12,1,S) COYOTES (5,8,NE) DUCKS (11,9,N) EDMONTON (9,11,W) FLAMES (8,1,SW) KINGS (9,12,NE) LOSANGELES (1,2,S) OILERS (8,9,W) SANJOSE (3,1,SE) SHARKS (10,6,NW) VANCOUVER (10,1,SW)	AVALANCHE (3,13,N) BLACKHAWKS (10,10,NW) BLUES (2,10,E) CHICAGO (8,1,W) COLORADO (13,1,S) DALLAS (1,12,N) JETS (9,1,S) MINNESOTA (4,13,NE) NASHVILLE (5,13,E) PREDATORS (4,2,SE) STARS (8,11,NE) STLOUIS (13,9,NW) WILD (2,3,SE) WINNIPEG (11,4,SW)

Atlantic Page 15	**Metropolitan** Page 17	**Arenas** Page 19
Across,Down,Direction	Across,Down,Direction	Across,Down,Direction
BOSTON (7,10,W)	BLUEJACKETS (12,1,S)	AMALIE (14,8,N)
BRUINS (9,7,NW)	CAPITALS (4,5,SE)	BARCLAYS (2,5,S)
BUFFALO (12,10,N)	CAROLINA (8,10,W)	BELL (2,1,SE)
CANADIENS (10,9,N)	COLUMBUS (2,8,NE)	BRIDGESTONE (15,11,N)
DETROIT (1,8,NE)	DEVILS (11,9,N)	CANADIANTIRE(15,12,NW)
FLORIDA (1,13,E)	FLYERS (1,3,E)	GILARIVER (5,3,E)
LIGHTNING (1,10,NE)	HURRICANES (10,12,W)	JOELOUIS (8,8,SW)
MAPLELEAFS (10,10,NW)	ISLANDERS (11,1,SW)	KEYBANK (12,12,W)
MONTREAL (11,2,S)	NEWJERSEY (3,2,SE)	MADISONSQUARE (13,7,W)
OTTAWA (12,13,W)	NEWYORK (7,1,W)	MTS (4,10,SW)
PANTHERS (1,3,SE)	PENGUINS (1,11,E)	PRUDENTIAL (3,14,NE)
REDWINGS (2,1,E)	PHILADELPHIA (1,6,E)	ROGERS (2,13,NE)
SABRES (5,12,E)	PITTSBURGH (13,10,N)	SCOTTRADE (6,5,SE)
SENATORS (8,5,SW)	RANGERS (13,13,NW)	STAPLES (15,13,NW)
TAMPABAY (10,11,W)	WASHINGTON (1,13,E)	UNITED (4,15,E)
TORONTO (13,3,S)		XCEL (1,1,S)

Ducks Page 21	**Coyotes** Page 23	**Flames** Page 25
Across,Down,Direction	Across,Down,Direction	Across,Down,Direction
BERNIER (5,3,E)	BURMISTROV (15,11,W)	BACKLUND (2,9,E)
BIEKSA (6,14,NW)	CHYCHRUN (8,1,SE)	BENNETT (6,11,NE)
COGLIANO (2,2,SE)	CONNAUTON (2,14,N)	BOUMA (13,5,NW)
DESPRES (4,7,SE)	CROUSE (14,4,SW)	BRODIE (11,2,SW)
EAVES (5,15,W)	DEANGELO (6,1,S)	BROUWER (15,14,W)
FOWLER (11,15,N)	DOAN (4,5,NE)	ELLIOTT (12,10,NW)
GARBUTT (11,1,S)	DOMINGUE (6,10,E)	ENGELLAND (13,6,SW)
GETZLAF (13,7,N)	EKMANLARSSON (1,1,S)	FROLIK (1,1,S)
GIBSON (14,10,S)	GOLIGOSKI (10,9,NW)	GAUDREAU (3,8,NE)
KERDILES (9,13,NW)	HANZAL (4,6,NE)	GILLIES (9,12,E)
KESLER (15,9,W)	HOLLAND (13,1,SW)	GIORDANO (8,14,NW)
KOSSILA (9,6,SW)	MCGINN (6,15,W)	HAMILTON (1,15,N)
LINDHOLM (12,1,S)	MICHALEK (3,12,NE)	JANKOWSKI (15,13,W)
PERRY (7,10,SW)	MURPHY (15,6,NW)	JOHNSON (2,7,N)
RAKELL (8,11,E)	RICHARDSON (12,4,SW)	MONAHAN (15,5,S)
SILFVERBERG (1,1,E)	RIEDER (3,8,N)	RITTICH (5,1,SE)
STONER (3,9,SE)	SCHENN (10,8,E)	STAJAN (14,11,W)
THOMPSON (15,8,W)	SMITH (8,13,W)	STONE (2,15,N)
VATANEN (1,8,NE)	STONE (15,5,N)	VERSTEEG (7,1,SE)
VERMETTE (9,4,SW)	VRBATA (15,9,S)	WIDEMAN (14,1,SW)

Oilers
Page 27

Across,Down,Direction

BENNING (14,9,S)
CAGGIULA (12,2,SW)
DESHARNAIS (1,3,E)
DRAISAITL (15,2,S)
EBERLE (6,1,W)
FAYNE (13,11,S)
GRYBA (6,4,SW)
HENDRICKS (1,2,SE)
KASSIAN (8,1,SE)
KLEFBOM (1,12,N)
LANDER (5,12,E)
LARSSON (2,10,NE)
LETESTU (5,10,E)
LUCIC (2,11,SE)
MAROON (2,9,N)
NUGENTHOPKINS(3,13,NE)
POULIOT (12,11,W)
RUSSELL (13,10,NW)
SEKERA (14,4,SW)
TALBOT (6,9,NW)

Kings
Page 29

Across,Down,Direction

BISHOP (12,14,W)
BRODZINSKI (14,6,S)
BROWN (2,3,SE)
CARTER (13,8,SW)
CLIFFORD (8,9,W)
DOUGHTY (9,10,N)
GABORIK (1,14,NE)
GREENE (1,6,N)
IGINLA (7,13,NE)
KEMPE (8,5,NW)
KOPITAR (8,7,NW)
LEWIS (5,3,SW)
MARTINEZ (11,1,SW)
MCNABB (1,15,E)
MUZZIN (13,6,NW)
NOLAN (14,12,W)
PEARSON (15,1,S)
PURCELL (7,1,SE)
QUICK (2,4,S)
TOFFOLI (3,11,E)

Sharks
Page 31

Across,Down,Direction

BOEDKER (2,1,SE)
BRAUN (3,11,SE)
BURNS (7,2,E)
COUTURE (8,15,E)
DILLON (15,15,N)
DONSKOI (12,7,S)
HANSEN (1,7,NE)
HERTL (11,9,SW)
JONES (1,1,S)
KARLSSON (8,13,NW)
MARLEAU (8,10,NE)
MARTIN (6,12,W)
MEIER (14,13,W)
MUELLER (10,6,SW)
PAVELSKI (13,1,SW)
SCHLEMKO (12,5,W)
SORENSEN (4,9,N)
THORNTON (15,1,S)
VLASIC (11,12,NW)
WARD (6,9,NW)

Canucks
Page 33

Across,Down,Direction

BOEDKER (2,1,SE)
BRAUN (3,11,SE)
BURNS (7,2,E)
COUTURE (8,15,E)
DILLON (15,15,N)
DONSKOI (12,7,S)
HANSEN (1,7,NE)
HERTL (11,9,SW)
JONES (1,1,S)
KARLSSON (8,13,NW)
MARLEAU (8,10,NE)
MARTIN (6,12,W)
MEIER (14,13,W)
MUELLER (10,6,SW)
PAVELSKI (13,1,SW)
SCHLEMKO (12,5,W)
SORENSEN (4,9,N)
THORNTON (15,1,S)
VLASIC (11,12,NW)
WARD (6,9,NW)

Blackhawks
Page 35

Across,Down,Direction

ANISIMOV (14,6,SW)
CAMPBELL (10,15,W)
CRAWFORD (1,1,S)
DESJARDINS (5,8,E)
FORSLING (2,8,N)
HARTMAN (2,9,E)
HAYDEN (3,8,S)
HJALMARSSON (1,11,NE)
HOSSA (14,5,NW)
JURCO (3,5,NE)
KANE (15,10,S)
KEITH (15,10,W)
KRUGER (5,2,SE)
MOTTE (7,12,E)
ODUYA (15,6,N)
PANARIN (3,7,NE)
PANIK (11,11,SE)
SCHMALTZ (13,12,NW)
SEABROOK (8,1,SE)
TOEWS (9,9,SW)

Avalanche
Page 37

Across,Down,Direction

BARRIE (1,7,NE)
BEAUCHEMIN (5,2,E)
COLBORNE (8,15,N)
COMEAU (1,4,SE)
COMPHER (15,15,NW)
DUCHENE (14,7,S)
GELINAS (7,12,W)
GRIGORENKO (1,2,SE)
GRIMALDI (3,13,E)
IGINLA (1,14,E)
JOHNSON (7,3,SW)
JOST (13,12,SW)
LANDESKOG (15,1,S)
MACKINNON (12,2,SW)
MITCHELL (2,10,NE)
PICKARD (13,9,N)
RANTANEN (6,3,SE)
SODERBERG (9,11,W)
TYUTIN (12,3,S)
VARLAMOV (9,8,NW)

Stars	**Wild**	**Predators**
Page 39	Page 41	Page 43
Across,Down,Direction	Across,Down,Direction	Across,Down,Direction
BENN (1,10,E)	BRODIN (14,10,W)	ABERG (2,8,N)
DICKINSON (15,9,N)	COYLE (12,1,S)	ARVIDSSON (7,9,NE)
EAKIN (5,13,W)	DUBNYK (11,1,SW)	EKHOLM (9,13,E)
GURIANOV (1,15,E)	DUMBA (8,8,SW)	ELLIS (5,2,W)
HAMHUIS (12,1,S)	ERIKSSON (8,12,NE)	FIALA (14,11,NW)
HEMSKY (5,12,NE)	GRANLUND (1,8,N)	FISHER (3,8,N)
HONKA (14,12,N)	HANZAL (15,14,N)	FORSBERG (1,3,E)
HUDLER (9,15,E)	HAULA (12,13,W)	JARNKROK (1,4,S)
KLINGBERG (9,9,NW)	KOIVU (1,14,E)	JOHANSEN (8,1,SE)
LEHTONEN (1,8,NE)	KUEMPER (1,13,E)	JOSI (9,4,SE)
NEMETH (4,10,SE)	NIEDERREITER (3,1,S)	KAMENEV (9,10,W)
NIEMI (12,9,SW)	PARISE (13,1,S)	MCLEOD (10,1,SE)
ODUYA (14,7,NW)	POMINVILLE (13,1,SW)	NEAL (8,9,E)
OLEKSIAK (6,5,SE)	SCANDELLA (12,8,W)	PARENTEAU (6,9,N)
RITCHIE (7,9,W)	SPURGEON (13,8,NW)	RIBEIRO (13,1,SW)
ROUSSEL (14,6,SW)	STAAL (4,3,SE)	RINNE (4,4,S)
SEGUIN (8,6,N)	STEWART (4,1,SE)	SAROS (1,15,NE)
SHARP (9,3,S)	SUTER (9,14,NE)	SMITH (15,9,SW)
SHORE (9,13,NE)	WHITE (15,15,NW)	SUBBAN (10,15,NW)
SPEZZA (8,6,NW)	ZUCKER (7,12,NW)	WILSON (5,15,NE)

Blues	**Jets**	**Bruins**
Page 45	Page 47	Page 49
Across,Down,Direction	Across,Down,Direction	Across,Down,Direction
ALLEN (12,1,SW)	BYFUGLIEN (1,15,E)	ACCIARI (3,8,SE)
BERGLUND (9,13,W)	CONNOR (6,11,W)	BACKES (14,3,S)
BORTUZZO (9,8,NW)	COPP (12,8,SE)	BELESKEY (11,5,SW)
BOUWMEESTER (1,11,NE)	DANO (12,12,S)	BERGERON (6,6,E)
BRODZIAK (15,8,N)	EHLERS (14,12,NW)	CHARA (5,12,NW)
FABBRI (12,7,S)	ENSTROM (5,7,NE)	HAYES (15,10,N)
GUNNARSSON (3,6,SE)	HUTCHINSON (1,10,NE)	KHUDOBIN (8,3,W)
HUTTON (15,14,N)	LAINE (1,12,E)	KREJCI (6,4,SW)
JASKIN (3,4,SE)	LITTLE (5,4,SE)	KRUG (4,4,SW)
LEHTERA (1,14,E)	LOWRY (11,12,NE)	LILES (7,13,NE)
PARAYKO (11,15,W)	MATTHIAS (9,1,SW)	MARCHAND (4,5,SE)
PERRON (14,15,NW)	MYERS (1,7,N)	MCINTYRE (9,12,NW)
PIETRANGELO (13,11,N)	PAVELEC (8,6,E)	MCQUAID (5,13,NE)
REAVES (3,1,E)	PERREAULT (11,5,S)	MILLER (12,4,W)
SCHWARTZ (8,6,SW)	ROSLOVIC (11,15,NW)	MOORE (1,11,SE)
SHATTENKIRK (2,5,E)	SCHEIFELE (3,6,SE)	OGARA (1,14,E)
SOBOTKA (1,6,SE)	STUART (15,2,S)	PASTRNAK (13,15,N)
STASTNY (4,12,NE)	THORBURN (8,1,W)	RASK (13,1,S)
TARASENKO (14,2,S)	TROUBA (14,1,SW)	SPOONER (4,1,E)
YAKUPOV (10,6,S)	WHEELER (2,7,N)	STAFFORD (12,7,S)

Sabres
Page 51

Across,Down,Direction

BOGOSIAN (9,15,W)
EICHEL (15,6,S)
ENNIS (11,11,W)
FASCHING (15,14,NW)
FOLIGNO (2,7,S)
FRANSON (9,6,SE)
GIONTA (7,6,NE)
GIRGENSONS (10,6,SW)
GORGES (3,12,N)
KANE (4,4,NW)
KULIKOV (5,12,E)
LARSSON (8,1,W)
LEHNER (3,14,E)
MALONE (13,1,SW)
MCCABE (3,4,SE)
MOULSON (9,9,NE)
NILSSON (15,5,SW)
OKPOSO (15,13,NW)
OREILLY (1,14,N)
RISTOLAINEN (6,1,S)

Wings
Page 53

Across,Down,Direction

ABDELKADER (10,12,W)
DEKEYSER (2,8,E)
ERICSSON (8,15,NE)
GREEN (12,2,W)
HELM (3,10,E)
HOWARD (10,6,NW)
KRONWALL (11,10,N)
LARKIN (1,13,E)
MANTHA (1,2,S)
MILLER (9,15,NE)
MRAZEK (15,14,N)
NIELSEN (3,1,SE)
NYQUIST (12,4,S)
OUELLET (15,3,W)
RENOUF (11,2,SW)
SHEAHAN (8,1,SW)
SVECHNIKOV (10,10,NW)
TATAR (14,15,N)
VANEK (4,15,NE)
ZETTERBERG (10,1,SW)

Panthers
Page 55

Across,Down,Direction

BARKOV (13,15,N)
BERRA (13,8,SW)
BJUGSTAD (15,8,NW)
DEMERS (15,6,NW)
EKBLAD (3,14,E)
HUBERDEAU (9,1,SW)
JAGR (10,12,NE)
JOKINEN (14,7,S)
KINDL (2,1,S)
LUONGO (11,5,W)
MACKENZIE (12,7,W)
MATHESON (2,7,SE)
PETROVIC (8,12,NE)
PYSYK (3,6,N)
REIMER (2,14,NE)
SCEVIOUR (5,15,E)
SMITH (2,9,SE)
TROCHECK (1,8,N)
VANEK (7,2,W)
YANDLE (12,6,SW)

Canadiens
Page 57

Across,Down,Direction

BEAULIEU (11,11,NW)
BENN (15,12,S)
BYRON (13,9,N)
DAVIDSON (8,1,SW)
EMELIN (1,1,S)
FLYNN (1,11,NE)
GALCHENYUK (1,12,E)
GALLAGHER (6,7,SE)
KING (9,5,SE)
LINDGREN (12,12,N)
MARKOV (6,4,SE)
MITCHELL (15,4,W)
MONTOYA (9,3,E)
PACIORETTY (1,10,NE)
PETRY (5,14,W)
PLEKANEC (14,7,S)
PRICE (11,8,NW)
RADULOV (1,7,NE)
SHAW (6,14,E)
WEBER (6,1,SW)

Senators
Page 59

Across,Down,Direction

ANDERSON (7,13,NE)
BOROWIECKI (10,2,SW)
BRASSARD (15,12,N)
BURROWS (12,1,SW)
CECI (14,15,N)
CHABOT (13,1,S)
HAMMOND (14,11,N)
HOFFMAN (13,8,S)
KARLSSON (8,15,NW)
MACARTHUR (9,2,W)
METHOT (1,15,NE)
NEIL (2,15,NE)
PAGEAU (7,10,SE)
PHANEUF (4,9,SE)
RYAN (8,4,NW)
SMITH (7,4,W)
STALBERG (5,9,E)
STONE (12,2,SW)
TURRIS (1,3,E)
WINGELS (12,7,W)

Lightning
Page 61

Across,Down,Direction

BISHOP (1,2,S)
BROWN (15,14,N)
CALLAHAN (2,13,NE)
COBURN (9,12,E)
CONDRA (4,10,SE)
DROUIN (7,4,SW)
ERNE (3,14,NE)
GARRISON (10,1,S)
HEDMAN (10,9,NE)
JOHNSON (2,7,N)
KILLORN (15,9,NW)
KOEKKOEK (15,2,SW)
KUCHEROV (4,8,SE)
NAMESTNIKOV (11,11,NW)
PALAT (14,13,W)
PECA (11,14,E)
STAMKOS (12,2,W)
STRALMAN (7,10,E)
SUSTR (5,15,NW)
VASILEVSKIY (3,11,N)

Leafs
Page 63

Across,Down,Direction

ANDERSON (7,8,NE)
BOYLE (1,9,SE)
BOZAK (1,9,NE)
FEHR (3,2,S)
GARDINER (3,1,SE)
HUNWICK (4,7,NE)
KADRI (2,5,N)
KAPANEN (9,12,E)
KOMAROV (13,10,N)
MARCHENKO (6,14,N)
MARINCIN (8,1,SW)
MARNER (12,6,NW)
MARTIN (12,10,W)
MATTHEWS (11,9,W)
MICHALEK (15,1,S)
NYLANDER (12,8,NW)
POLAK (1,14,E)
RIELLY (12,1,SW)
RIEMSDYK (1,15,E)
ZAITSEV (1,1,S)

Hurricanes
Page 65

Across,Down,Direction

AHO (14,2,SW)
BICKELL (1,12,E)
FAULK (10,6,N)
GIUSEPPE (8,12,NW)
HAINSEY (9,7,SE)
HANIFIN (14,1,S)
LACK (15,1,S)
LINDHOLM (10,1,W)
MCCLEMENT (4,5,SE)
MCGINN (9,14,W)
NEDELJKOVIC (11,14,NW)
NESTRASIL (13,5,S)
NORDSTROM (1,13,E)
PESCE (11,13,NE)
RASK (9,8,E)
SKINNER (11,7,N)
STAAL (5,5,NW)
STEMPNIAK (2,10,NE)
TERAVAINEN (8,10,N)
WARD (12,9,SE)

Blue Jackets
Page 67

Across,Down,Direction

ATKINSON (1,8,N)
BOBROVSKY (15,1,S)
CALVERT (14,11,NW)
CARLSSON (1,10,E)
DUBINSKY (9,9,W)
FOLIGNO (8,1,SW)
HARTNELL (14,13,NW)
JENNER (7,14,E)
JOHNSON (7,12,W)
JONES (7,11,SW)
KARLSSON (3,8,NE)
KORPIKOSKI (5,1,SE)
KORPISALO (9,1,SW)
MILANO (14,4,S)
MURRAY (7,8,SE)
QUINCEY (12,7,N)
SAAD (4,11,W)
SAVARD (5,15,NE)
WENNBERG (7,5,SE)
WERENSKI (13,1,S)

Jersey Devils
Page 69

Across,Down,Direction

CAMMALLERI (12,14,W)
FIDDLER (13,7,SW)
GREENE (10,13,NE)
HALL (6,4,NE)
HENRIQUE (4,8,NE)
JOSEFSON (4,1,SE)
KAPLA (13,15,W)
LAPPIN (3,15,E)
LOVEJOY (14,1,S)
MERRILL (15,4,W)
MOORE (12,1,S)
PALMIERI (7,11,E)
PROUT (8,9,SW)
QUENNEVILLE (11,5,SW)
SANTINI (1,9,N)
SCHNEIDER (3,12,N)
SMITHPELLY (11,10,NW)
WOOD (12,12,E)
ZACHA (2,7,N)
ZAJAC (1,1,SE)

Islanders
Page 71

Across,Down,Direction

BAILEY (12,7,N)
BARZAL (12,1,SW)
BEAUVILLIER (3,15,N)
BOYCHUK (4,11,E)
CHIMERA (11,7,NW)
CIZIKAS (10,12,W)
CLUTTERBUCK (11,11,NW)
GREISS (3,1,SE)
HAAN (8,15,NE)
HALAK (13,8,W)
HAMONIC (15,3,S)
HICKEY (4,13,E)
KULEMIN (10,1,SW)
LADD (1,5,N)
LEDDY (14,13,NW)
LEE (10,15,E)
NELSON (1,6,NE)
SEIDENBERG (5,10,NE)
STROME (14,2,S)
TAVARES (9,7,SE)

Rangers
Page 73

Across,Down,Direction

BUCHNEVICH (14,10,N)
FAST (1,11,E)
GIRARDI (15,4,S)
GLASS (6,15,N)
GRABNER (15,13,W)
HAYES (5,14,W)
HOLDEN (1,6,NE)
KLEIN (11,9,SW)
KREIDER (10,2,SW)
LUNDQVIST (1,9,NE)
MCDONAGH (2,1,SE)
MILLER (10,12,N)
NASH (2,4,NE)
PIRRI (8,9,NW)
RAANTA (2,9,E)
SMITH (13,1,S)
STAAL (8,1,SE)
STEPAN (11,6,NW)
ZIBANEJAD (1,10,E)
ZUCCARELLO (15,12,NW)

Flyers Page 75	**Penguins** Page 77	**Capitals** Page 79
Across,Down,Direction	Across,Down,Direction	Across,Down,Direction
COUTURIER (14,13,N)	ARCHIBALD (9,15,NW)	ALZNER (15,6,N)
FILPPULA (8,8,NE)	BONINO (15,9,S)	BACKSTROM (9,2,SW)
GIROUX (1,11,N)	COLE (1,14,N)	BEAGLE (2,13,NE)
GORDON (1,11,E)	CROSBY (6,1,SW)	CARLSON (7,2,SW)
GOSTISBEHERE (12,3,W)	CULLEN (6,15,W)	CONNOLLY (14,8,S)
GUDAS (13,11,SW)	DALEY (14,6,NW)	ELLER (13,13,W)
HAGG (10,5,NE)	DUMOULIN (15,8,N)	HOLTBY (6,14,NW)
KONECNY (13,10,NW)	FLEURY (8,7,NE)	JOHANSSON (15,12,W)
MACDONALD (9,12,NW)	HAGELIN (2,7,NE)	KUZNETSOV (9,15,NW)
MANNING (7,14,W)	HAINSEY (1,1,SE)	NISKANEN (7,14,NE)
MASON (10,11,SE)	HORNQVIST (9,2,SW)	ORLOV (7,5,NW)
NEUVIRTH (1,5,SE)	KESSEL (7,15,NW)	ORPIK (15,7,S)
RAFFL (9,8,NW)	KUNITZ (3,1,SE)	OSHIE (7,10,SW)
READ (15,13,N)	LETANG (13,14,N)	OVECHKIN (10,8,N)
SCHENN (8,14,NE)	MAATTA (9,7,E)	SCHMIDT (7,15,W)
SCHULTZ (12,6,SW)	MALKIN (12,12,W)	SHATTENKIRK (8,1,S)
SIMMONDS (1,1,E)	POULIOT (14,9,S)	VRANA (13,7,N)
VORACEK (15,2,S)	SCHULTZ (8,4,E)	WILLIAMS (4,9,E)
WEISE (6,15,W)	STREIT (8,5,SW)	WILSON (5,1,E)
ZOTTO (9,1,S)	SUNDQVIST (14,8,W)	WINNIK (1,1,SE)

– Thank You –

Thank you for purchasing
**Word Search Puzzles:
NHL Hockey!**

I really hope you've enjoyed these word searches and found them to be just the right balance of relaxing and challenging!

If you've enjoyed this book please tell the world by leaving a review on **Amazon** and take a look at other puzzle books by **Oliver Young**!

Thanks again!

Made in the USA
Middletown, DE
14 December 2018